QUELQUES OBSERVATIONS

SUR LA CORSE,

AU POINT DE VUE CULTURAL,

PAR

Jn. DE POLI,

Membre du Comité d'Agriculture de l'arrondissement
de Châtillon-sur-Seine,

INSPECTEUR DES FORÊTS.

CHATILLON-SUR-SEINE,

C. CORNILLAC, IMPRIMEUR-LIBRAIRE.

1844.

QUELQUES OBSERVATIONS
SUR LA CORSE,
AU POINT DE VUE CULTURAL,

PAR

Jh. DE POLI.

Membre du Comité d'Agriculture de l'arrondissement
de Châtillon-sur-Seine,

INSPECTEUR DES FORÊTS.

CHATILLON-SUR-SEINE,

C. CORNILLAC, IMPRIMEUR-LIBRAIRE.

—

1844.

QUELQUES

OBSERVATIONS SUR LA CORSE,

AU POINT DE VUE CULTURAL.

Ce qu'il faut principalement à la Corse, c'est le développement progressif et utile des travaux agricoles.

Sous le point de vue cultural, je divise la Corse en trois zones.

J'assigne la zone supérieure, qui se compose de la haute chaîne des montagnes, à la culture des arbres forestiers.

Les dimensions monstrueuses (1) qu'acquièrent les arbres de diverses essences, près du sommet des montagnes et dans leurs versants abruptes et rocheux, témoignent hautement de la convenance de cette culture. Une chaleur solaire très-intense, des rosées abondantes, des vapeurs humides résultant de l'action réfrigérente des montagnes échelonnées et boisées sur

(1) On trouve communément dans les forêts de la Corse, des pins laricio (pinus altissima) de 3 à 4 mètres de circonférence et de 25 à 30 mètres de hauteur.

les vents maritimes; un terrain granitique, convenablement empaté de schiste et d'argile : telles
sont les conditions qui leur garantissent une active et forte végétation.

Frappé de la beauté des arbres qui peuplent
le canton d'Ominina, dans la forêt domaniale de
Vizzavona, des hommes étrangers aux connaissances forestières, auxquels d'ailleurs l'état des
massifs était inconnu, ont exagéré, dans leurs dé-
clarations sincères, la richesse des produits réalisables de ces bois. Mais ils ont incontestablement
dit vrai en ce qui concerne la beauté des indi-
vidus; d'où il faut conclure que l'appauvrisse-
ment des massifs tient exclusivement à des circonstances sociales. La saine application des
principes, quelques travaux d'amélioration, une
exacte surveillance et une police répressive, auraient bientôt rétabli l'état normal que la nature
tend constamment à produire, et que l'homme
arrête dans son développement, et détruit comme
à plaisir.

Le second étage est celui où sont situés les
villages, à divers degrés d'élévation au-dessus
du niveau de la mer.

Rien de plus disgracieux, sous le point de vue
des communications et de la culture, que la plupart des lieux d'habitation de la Corse. Pour le
comprendre, il faut remonter à leur origine,

qui date du démembrement de l'empire romain.

Le littoral de l'île qui, d'après Strabon, contenait plusieurs villes populeuses, se reliant entre elles par des villages et des bourgs, fut exposé, sans défense suffisante, à des excursions dévastatrices et meurtrières. C'est ainsi qu'il dut être abandonné avec la plaine, et qu'obéissant à la loi du moment les habitants recherchèrent, comme étant les plus sûrs contre ces agressions, les lieux dont l'abord était le moins accessible.

Dès ce moment, les terrains qui étaient les plus productifs restèrent incultes ou furent mal cultivés. Les rivières torrentielles débordèrent de leurs lits, dont les encaissements cessèrent d'être entretenus : il se forma des marécages qui, desséchés partiellement pendant les fortes chaleurs, exhalèrent des miasmes morbifiques. Ce fut une barrière de plus élevée entre ces lieux et les populations émigrées.

Les montagnes furent et continuent d'être seules habitées, à l'exception de quelques points du littoral qui répondent à des besoins commerciaux et nullement agricoles.

Les conséquences de cet état de choses sont on ne peut plus contraires à tout acheminement vers une situation meilleure, relativement à l'agriculture.

Le Corse est, dit-on, paresseux; sobre par

tempérament, il laisse à ses châtaigners le soin
de pourvoir à des besoins peu nombreux ; et,
couché à l'ombre de ces arbres, il y rêve, sans
cesse, au but de ses passions tumultueuses.

Ce portrait est inexact ; mais, sous le dernier
point de vue, je l'accepte sans trop de répu-
gnance. J'aime les hommes à passions : la chaleur qu'elles communiquent à l'âme, quand elle
n'est pas trop intense, y fait éclore le germe des
belles actions et des nobles dévouements. Qu'on
veuille bien considérer, d'ailleurs, qu'une de ces
passions, que dans un état bien organisé réprouve
le sentiment social, partout et toujours le sentiment religieux, fut trop longtemps en Corse un
devoir et une nécessité. La tyrannie de Gênes,
qui pesa si longtemps sur la Corse, a écrit en let-
tres de sang les pages de l'histoire morale de
cet infortuné pays.

Mais est-il bien vrai que le cultivateur corse
se place volontairement et par esprit de paresse
dans une position moins avantageuse que celle
qu'il pourrait se créer ; et l'atonie qui parfois
paraît l'absorber ne serait-elle pas le résultat
d'une lutte désespérée, dans laquelle il aurait dé-
pensé ses forces et son énergie ?

On accorde au cultivateur corse une aptitude
spéciale pour tous les travaux agricoles du res-
sort de l'intelligence ; on lui refuse cette aptitude,

et la volonté même, pour les travaux durs et pénibles. C'est ainsi que les défrichements, les desséchements, etc., seraient abandonnés aux habitants des États de Lucques, qui viennent annuellement en Corse, en nombre considérable, et y passent la saison d'hiver.

Ce fait est vrai et je le déplore. Il serait à désirer que les montagnards corses prissent le goût des travaux de cette nature pour lesquels ni la force, ni l'aptitude ne leur manquent certainement pas. Mais il faut reconnaître aussi que ce département subit l'inconvénient de tous les pays qui souffrent de la rareté des bras. Le Lucquois est, par rapport à la Corse, ce que l'Auvergnat et le Savoyard sont par rapport à quelques contrées de la France continentale.

Comparons cependant la position du cultivateur corse à celle du cultivateur du continent.

Un chef de famille, honnête, laborieux et intelligent ne manque jamais de travail sur le continent, à des conditions sortables.

Une ferme lui offre un logement plus ou moins commode au milieu des terrains qui en dépendent. Il y trouve une grange pour rentrer ses récoltes, un fenil pour ses fourrages, des écuries et des étables pour y loger ses bestiaux. Sur beaucoup de points, le bois communal lui fournit son affouage; et le commerce des bestiaux, s'il sait le faire avec intelligence, lui aide à payer le prix de son fermage. Des prairies naturelles et artificielles lui permettent d'entretenir des bestiaux et de faire des engrais, condition principale et essentielle d'une bonne culture.

Sauf quelques accidents assez rares, tout son temps est employé d'une manière productive, sans mécomptes et sans trop de peine. Depuis plus de quinze ans que je vois de près les cultivateurs du continent, je n'ai trouvé de foncièrement malheureux que les hommes paresseux ou intempérants.

Examinons actuellement la situation du cultivateur corse, et plaçons-nous dans la partie la plus riche et la mieux partagée de l'île, dans le canton de Vescovato.

Il habite nécessairement l'un des villages situés sur la crête des collines, distant de deux heures environ des terrains qu'il doit cultiver. Il est debout longtemps avant le jour; il descend dans la plaine et se met à la recherche de ses bœufs de labour, laissés la veille dans un champ mal fermé. Pressés par la faim, le plus souvent ils franchissent ou écartent les faibles barrières qui leur sont opposées, et vont chercher, sur d'autres points, une nourriture plus abondante qu'il ne leur est pas donné de trouver. De ces excursions naissent des procès, qui parfois se dénouent par de sanglantes collisions.

Lorsque le cultivateur, à la suite de ces péré-
grinations à travers des champs trempés de ro-
sée, aura assemblé sur la parcelle à labourer ses
moyens de travail, les heures les plus utiles se
seront écoulées, et les fortes chaleurs survenant,
il remettra au lendemain un labeur plus efficace.
Le surplus de la journée sera consacré à mettre
en lieu de sûreté ses chétifs ustensiles de labour
et à conduire ses bœufs au prétendu pâturage.
Alors il regagnera sa demeure, en gravissant pé-
niblement la montagne sur laquelle elle est située.

Voilà une journée bien laborieuse. Quel en
a été le résultat pour la culture? Quelques sillons
tracés avec des bestiaux maigres et sans force ;
un véritable grattage. Aussi faut-il un soin pro-
videntiel pour que les récoltes, en Corse, ne
soient pas une amère déception.

Viennent, plus tard, les pénibles épreuves de
la fauchaison ; celles de l'égrainement dans des
aires improvisées, placées en plein champ, sans
abri contre les orages qui, parfois, emportent
dans quelques instants le résultat assuré d'une
année de travail. Si on échappe à ces éventua-
lités trop fréquentes, il faudra rentrer au village,
sac à sac, et à dos de mulet, ces récoltes, qu'il
faudra plus tard transporter à la ville, de la même
manière et par des chemins souvent imprati-
cables.

Que de frais, que de peines, que de temps
perdu !.....

C'est avec sa récolte que le laboureur devra
faire face à toutes les charges qui lui incombent.
Aussi, vendant prématurément et à perte tout
ce qu'il a recueilli, pour satisfaire à des obliga-
tions onéreuses, est-il forcé d'en contracter de
nouvelles pour vivre, et arriver, à travers les
mêmes péripéties, l'année suivante au même résultat. Il faut avoir vu de près les épreuves du
cultivateur corse, pour calculer la somme d'é-
nergie qu'il dépense dans ces luttes ingrates de
tous les jours.

Mais qu'une série de circonstances heureuses
lui permette de rétablir l'équilibre dans ses finan-
ces ; qu'il lui soit permis de regarder un instant
l'avenir sans une douloureuse anxiété : il aura
bientôt à compter avec la fièvre (la terzana),
tribut forcé que la plaine prélève sur le cultivateur qui vient respirer son air, se désaltérer à
ses eaux, se mouiller de ses rosées et suppor-
ter ses chaleurs suffoquantes ; la fièvre, qui
lui enlève ses forces, le condamne à une inac-
tion ruineuse et le replace dans ses cruelles per-
plexités.

Conclusion. Le laboureur corse, fût-il doué
de l'aptitude la plus remarquable, de l'activité
la plus grande ; fût-il essentiellement homme

d'ordre, aura pour lot, à de bien rares exceptions près, la misère pendant sa vie, une vieil-
lesse précoce et une mort prématurée.

J'aime mon pays par ce sentiment qui est inné
chez les hommes, et qu'on remarque plus vivace
chez les insulaires; aussi, et c'est là une des ad-
mirables lois de la nature, parce qu'il est pauvre
et malheureux. Je voudrais lui payer un tribut
d'affection filiale, à ce pays que je rêve si beau
et si riche d'avenir.

Ainsi que je l'ai dit dans le début de cet écrit,
ce qu'il faut principalement à la Corse, c'est le
progrès de l'agriculture.

Comment ce progrès peut-il s'obtenir? C'est
le problème que je cherche à résoudre.

Déjà en 1834 j'avais proposé, dans un mémoire officiel qui avait été accueilli avec faveur
par l'autorité préfectorale, de mettre en nature
de bois un vaste terrain, appelé le Pineto, appartenant à la ville de Bastia, placé entre la mer
et l'étang d'Urbino.

Le Conseil municipal de cette ville, par des
motifs que je ne veux pas examiner, passa à
l'ordre du jour sur ma proposition. Je ne rap-
pelle ces faits que pour établir que mes idées ne
sont pas d'aujourd'hui, et que les ayant longtemps
mûries j'ai le droit de les exposer, en vue du

bien, avec l'espoir de les voir examiner avec une bienveillante attention.

Le troisième étage, par rapport à ma division, comprend la plaine qui, partant des collines qui constituent la base de la seconde zone, aboutit à la mer. Il est probable que les parties basses doivent leur origine à des dépôts de sable recouverts par des couches limoneuses et par le détritus des roches chariées par les eaux pluviales; le tout relié par les substances végétales successivement formées et décomposées.

C'est dans ces plaines, situées sur la partie orientale de l'île, entre Bastia et Porto-Vecchio, et comprenant de vastes étendues, qu'est l'avenir de la Corse.

Il faut que la population agricole s'y replace, et qu'elle y vive à l'abri de toute influence morbifique.

J'ai habité pendant six jours seulement une maison de campagne, aux Prunete, sur le littoral de Cervione, et j'ai été atteint par le mauvais air.

Cependant ce site ne contient, depuis la mer jusqu'aux coteaux qui n'en sont guère éloignés, aucun étang, aucun dépôt d'eau stagnante.

J'en ai conclu que les miasmes fiévreux n'étaient pas nécessairement une influence locale.

J'ai pris quelques heures seulement de repos à Ponte-Novo, dans le mois de septembre. Ce point est situé dans les gorges qui forment l'encaissement du Golo, à plus de vingt kilomètres en amont des plaines de Casinca et de Mariana. Les parois de l'étroite vallée sont abruptes et très-inclinées. Nulle part, l'air ne saurait être localement plus pur. J'ai encore pris les fièvres, et j'ai été de plus fort confirmé dans ma première pensée.

J'ai cherché à me rendre compte des causes auxquelles je devais attribuer, sur des points naturellement très-sains, les influences morbifiques dont j'avais été la victime.

J'ai facilement reconnu que le vent du midi (scirocco) toujours chargé de vapeurs aqueuses, ramassait, traînait et répandait dans son parcours les miasmes nés dans les plaines de la Sardaigne et de Porto-Vecchio; et que ces miasmes s'ajoutaient à ceux produits sur quelques points marécageux du littoral de l'île; qu'un vent très-frais (il marino) se dirigeant tous les soirs de l'est à l'ouest, les poussait devant lui dans les terres; enfin qu'une troisième force agissait aux mêmes heures dans une direction opposée : c'est le vent de la montagne (il montese). Ce n'est qu'au pied des collines que les deux derniers courants se combattent à forces égales, et se neutralisent.

Cela m'a donné l'explication plausible et rationnelle du mauvais air, très-intense, à Ponte-Novo, où le vent de mer arrive, avec son funeste cortège, en suivant l'étroite vallée; de celui qu'on respire au couvent de Vescovato, et parfois à Venzolasca et Borgo. J'ai pu me rendre compte également pourquoi son influence ne s'étendait pas au-delà de Ponte-Novo, pourquoi il n'affectait pas le village de Vescovato si peu éloigné du couvent de ce nom. J'ai facilement compris aussi pourquoi il sévissait avec plus de force au pied des collines, que dans les lieux marécageux eux-mêmes, et dans l'intérieur des plaines.

En ma qualité d'agent-forestier, j'ai dû me rendre compte des propriétés des arbres et des masses boisées.

Les théories enseignent, d'accord avec l'expérience, que les arbres sont le meilleur moyen d'assainir un air corrompu.

Les feuilles, aussi bien que les autres parties vertes des végétaux, soumises à l'influence des rayons solaires, décomposent l'acide carbonique qu'elles reçoivent des racines, où qu'elles enlèvent à l'air atmosphérique; retiennent tout le carbone et les matières azotées, et rejettent presque tout l'oxigène : loi admirable et providentielle dont la contre partie se trouve dans la respiration des animaux, ce qui maintient dans une

parfaite harmonie la nature des milieux assi-
gnés aux deux classes du règne organique.

Les plantations effectuées dans la plaine en
essence de bois blanc, dont la végétation est si
prompte sous le climat de la Corse, auraient
déjà diminué l'intensité des vices morbifiques.

Mais c'est sous un autre point de vue que je
veux les envisager et les recommander.

Le meilleur moyen d'arrêter les vents, en
pleine campagne, consiste à leur opposer l'obstacle flexible et mouvant du feuillage des
arbres. Qu'un courant d'air rencontre une montagne élevée, il la remontera par ses gorges et
ses ravins, et, parvenu sur le faîte, il débordera
avec furie sur les pentes opposées.

Le libeccio, vent d'ouest, qui trouve, après
Saint-Florent, la montagne de Pineto, est d'une
force irrésistible dans la plaine orientale et aux
abords de la ville de Bastia.

Il paraîtrait qu'avant la destruction de la forêt
domaniale de Stella, que j'ai cherché à rétablir
pendant ma gestion dans l'île, et avant le déboisement des autres points culminants de la chaîne,
ce vent, qui cause de très-grands dégâts, était
beaucoup moins violent, et s'étendait moins
dans la plaine de Mariana.

J'ai reconnu et indiqué, dans un rapport sur
les bois communaux du cap Corse, non soumis

au régime forestier, que la détérioration de ces bois , en déterminant de très-brusques changements de température, avait fait reculer de plusieurs kilomètres vers la mer la culture des citronniers, et qu'à ces points mêmes elle n'était plus possible qu'aux expositions les plus favorables. Par la destruction de la forêt de Saint-Appiano , complantée de beaux chênes , les villages situés à ses pieds ont été privés d'une protection trop nécessaire , et , sur ce point encore , les populations en ont été sensiblement affectées.

Ce n'est pas sans un puissant motif que les anciens entouraient les forêts d'un respect religieux. Là où le vulgaire n'aperçoit qu'une aveugle superstition, il faut voir, pour la louer, une mesure sociale d'une haute prévoyance. La conservation des bois recevait la sanction la plus efficace : le culte qui les consacrait et les recommandait au respect des masses toujours disposées à abuser.

Il n'entre pas dans le cadre resserré de ce travail d'indiquer les déplorables effets du déboisement des montagnes. D'autres se sont acquittés et s'acquitteront de cette tâche importante, véritable mission sociale. Mais ce qui parle plus haut que les pages les plus éloquentes, c'est le cri de détresse qui s'élève du fond des

vallées submergées, accusant l'égoïsme des habitants des montagnes et l'imprévoyance ou
l'insouciance des hommes à qui sont confiés les
intérêts les plus chers de la société; ce qui parle
assez haut pour être entendu, c'est l'envahisse-
ment progressif de la nature morte et des frimats
sur la nature vivante et animée ; c'est le refou-
lement, sans espoir de retour, des populations
vers les montagnes inférieures, menacées elles-
mêmes des plus grands dangers par la destruction des abris protecteurs que la Providence
leur avait ménagés.

Avertis du moins par ces enseignements,
puissions-nous mettre à profit les leçons d'une si
cruelle expérience.

Ecoutons pour les suivre les conseils du poète
des temps passés :

. . . . quâ veniunt de parte procellæ
Plantabis sylvam ; ni providus obstes,
Omnia quippe ruat Boreæ intractabilis ira.

Il ne saurait être douteux pour personne que
les arbres constituent une excellente barrière
contre les vents.

Les propriétés de la Corse sont généralement
bordées de fossés qui leur servent de limite et
de clôture. Ces fossés se garnissent de brous-
sailles et d'arbrisseaux qu'il faudrait remplacer
par des saules en mélange avec des peupliers,

constituant deux étages superposés l'un à l'autre.
Si l'intérieur du clos était en outre complanté de
mûriers, et si les plantations étaient dirigées
parallèlement à la mer par une file, et verticale-
ment à cette ligne par une seconde rangée, en
laissant un espace intermédiaire convenable
pour les influences solaires et les commo-
dités du labour, on aboutirait infailliblement à ce
résultat, que les vents du midi et ceux du levant
n'auraient plus d'accès dans la plaine (1).

Dès ce moment on n'aurait plus à combattre
que les influences locales que la culture aurait
facilement et promptement vaincues.

C'est alors que des établissements agricoles
viendraient se placer au pied des montagnes et
dans les plaines. Les transports, rendus faciles
par des routes bien entretenues, obvieraient
tout d'abord à la plupart des inconvénients que
nous avons indiqués dans la longue énumération
des peines qui sont l'apanage du cultivateur

---

(1) M. Maitre-Humbert, président du Comice agricole de cette ville,
qui a bien voulu prendre connaissance de ce mémoire, m'a fait ob-
server qu'il serait utile d'établir une masse boisée, assez profonde,
près du littoral de la mer. Son existence aurait pour objet de sup-
porter le premier choc des vents et d'en absorber la force principale.
Les plantations de pins maritimes conviendraient parfaitement aux
terrains sablonneux, en grande partie perdus pour l'agriculture. Les
travaux exécutés sur les sables de Gascogne, sont un excellent exemple
qui mérite d'être suivi.

corse. Alors seulement le temps, ce trésor précieux, pourrait être utilement employé.

La facilité d'emmagasiner les pailles et les
fourrages permettrait d'entretenir des bestiaux
qui, une fois admis aux douceurs d'un gîte
abrité, procureraient des engrais, qui partout
et toujours sont la pierre angulaire de toute
culture.

Une des plaies qui ronge au cœur la culture
en Corse, c'est le parcours des bestiaux, sans
gardiens.

Impossible de proscrire aujourd'hui cet usage
funeste, sans compromettre sérieusement le travail auquel concourent les bestiaux qui ne peuvent s'alimenter autrement.

Mais que la plaine soit habitée, et la plus
heureuse révolution s'opèrera immédiatement
dans l'agriculture, sans efforts et sans tirail-
lements.

Je ne sais si je me fais illusion, mais il me
paraît que les plus grands sacrifices, relativement parlant, ne seraient pas trop forts pour
aboutir à ce résultat.

Hâtons-nous de dire que les plantations pro-
jetées seraient très-peu dispendieuses. Elles
procureraient même de précieuses ressources
dans un avenir peu éloigné. Indépendamment
des produits forestiers, la culture des mûriers

ouvrirait une branche de commerce d'une très-haute importance pour le pays.

Plus tard, aux bordures de bois blanc seraient substitués des oliviers et des chênes-liéges, dont la végétation est si prompte et si belle dans les plaines et sur les coteaux de l'île. Il n'est pas douteux que, par les greffes de Sicile et l'abri qu'ils recevraient contre les vents humides du midi, les oliviers de la plaine porteraient à terme les fruits dont ils se chargent annuellement en si grande abondance. Mais, ne dussent-ils être considérés que comme arbres forestiers, leur culture serait encore très-profitable.

Si en effet un prompt changement ne s'opère pas dans le traitement des makis (1), qui occupent en Corse des espaces d'une vaste étendue, le bois à brûler et le charbon deviendront d'autant plus rares dans les villes du littoral, que bientôt l'industrie et l'agriculture demanderont une large part à la production forestière. Ce serait un singulier résultat que celui de la disette du combustible dans un département qui compte plus de 100,000 hectares de futaies, presqu'autant de makis, et 150,000 hectares au moins en véritables forêts de châtaigniers et d'oliviers.

---

(1) On appelle makis des terrains complantés d'arbustes et d'arbrisseaux, tels que : bruyère en arbre, *erica arborea;* arbousier, *arbutus uredo;* cornouiller, *cornus;* épine, *prunus spinosa;* myrte, *myrtus communis*, etc.

Je n'ai rien à dire des avantages qui découleraient de la culture des chênes-liéges : si elle était assise sur de bonnes et larges bases, elle affranchirait la France du tribut considérable qu'elle paie à l'étranger, pour le commerce des liéges.

Je crois possible sur beaucoup de points de la plaine, en raison des couches inférieures d'argile et des montagnes riches en sources qui les dominent, d'obtenir, par des forages, des puits artésiens. Mais en fût-il autrement, que par l'habitation des plaines on pourra utiliser les cours d'eau et les sources qu'elles présentent. Tout au moins, en creusant jusqu'à une certaine profondeur, on aura des puits intarissables. Les pompes aspirantes mises à la portée des plus modestes fortunes, et d'un mécanisme très-simple, élèveraient sans trop d'efforts les eaux de ces puits à la hauteur de la surface du sol.

Voilà donc, avec la sécurité sanitaire, deux éléments très-puissants de culture, la chaleur et l'humidité, à la disposition des établissements agricoles de la plaine.

Le troisième élément découle nécessairement de ceux-ci, et, dans les conditions données, il ne saurait manquer à tout cultivateur désireux de se le procurer : je veux parler des engrais.

La plaine de la Corse est essentiellement propre à la culture des plantes fourragères. Si les mois d'avril et de mai sont pluvieux, on la voit se parer d'une luxuriante verdure et prendre l'aspect d'une riche prairie naturelle. Mais les ressources précieuses qu'elle offre avec prodigalité sont aussitôt gaspillées et disparaissent sous le piétinement des bestiaux, par le hâle et la sécheresse.

Parfois, sous l'influence d'agents plus puissants, la destruction s'opère plus rapidement encore.

Qu'il me soit permis, à ce sujet, de rappeler un souvenir de ma jeunesse.

J'étais à la Veuzolasca, chez le commandant de Casabianca, mon beau-frère, de chère et respectable mémoire. La terrasse de sa maison, qui domine le village, voit s'étaler devant elle, placés d'une manière pittoresque sur le dernier plan des collines, les villages de Loreto, Sorbo Penta et Castellare. Les divers coteaux complantés de châtaigniers à l'épais feuillage et d'oliviers grisâtres, coupés de gorges profondes, projetaient, sous une clarté douteuse, les ombres qui à chaque instant en diversifiaient à mes yeux les formes fantastiques. En face, au levant, j'avais la plaine et le vaste rideau de mer dont l'île d'Elbe paraît marquer la limite extrême. Au nord la ville de Bastia et les montagnes noirâtres du Cap.

A la suite d'une journée brûlante du mois de juillet, j'étais tout au plaisir de respirer l'air frais et pur dont me gratifiait le pic de Saint-Ange, lorsque je fus arraché à ce délicieux oubli de moi-même par un spectacle grandiose. Le ciel se colora du reflet d'une lumière rougeâtre, et mes regards se portant vers la plaine, je la vis sous un immense rideau de flammes, comme s'agitant sous cette terrible pression.

Je crus à un grand désastre, mais je fus bientôt rassuré : on venait de mettre le feu aux chaumes pour bonifier les terres fatiguées de la récolte qu'elles avaient portée.

Pour expliquer cette prétendue amélioration il est bon de dire que les blés en Corse sont coupés au tiers de leur hauteur. Au milieu de ces pailles et sous leur protection, naissent et se développent d'abondantes plantes fourragères. Le feu, qui détruit les unes et les autres, attaque en même temps les arbustes des haies et les arbres isolés, qu'il affecte sensiblement, lorsqu'il ne les fait pas périr.

Mais ces pertes, que le cultivateur se donne comme à plaisir, ont-elles au moins leur bon côté : les cendres sont-elles réellement pour ces terrains un amendement utile ?

J'examinerai rapidement cette question qui se lie très-intimement à mon sujet.

Généralement les écobuages ont pour résultat de détruire les mauvaises herbes et leurs semences, les œufs et les repaires des animaux nuisibles, et de fournir un amendement.

Les premiers de ces résultats ne peuvent être qu'avantageux, quelle que soit d'ailleurs la nature du terrain; mais ils ne sauraient être obtenus par l'effet du brûlement des pailles et des herbes venues en mélange avec elles. La flamme qui parcourt rapidement les surfaces ne donne pas une chaleur assez intense pour produire ces effets. En serait-il autrement, qu'à divers égards l'emploi de ce moyen ne serait utile que sur les terrains restés sans culture depuis plusieurs années, et envahis par les herbes tapissantes.

Pour ce qui concerne les amendements, il importe de connaître l'action des cendres, afin de n'appliquer les écobuages que sur les sols où ils peuvent avoir de bons effets.

L'action des cendres sur les terrains, dit le savant de Candolle, est complexe et variable comme la nature même de cette matière. Elles tiennent le milieu entre les amendements et les engrais, sous le rapport qu'outre les matières terreuses qui en constituent la masse, elles contiennent toujours une certaine quantité de sels et de débris organiques.

Considérées comme amendement, leur action

est variable selon que, fournies par divers com-
bustibles, elles peuvent contenir des quantités
très-diverses de matières terreuses différentes et
de sels différents. On peut dire en général :

1° Qu'elles agissent mécaniquement en divi-
sant les sols très-compacts ; et sous ce rapport,
plus elles sont siliceuses, plus elles ont d'action. 2° Elles ont une action hygroscopique en
absorbant l'humidité. 3° Elles paraissent accélé-
ler la décomposition du terreau. Et 4° enfin ,
peut-être agissent-elles à titre d'excitants.

Il est donc évident, ajoute le même auteur, et
la pratique confirme cette théorie, que l'éco-
buage est utile : 1° dans les terrains trop argileux
pour les diviser et les rendre moins hygrosco-
piques.

2° Dans les terrains très-chargés de mauvaises
herbes et en même temps très-humides.

3° Dans les climats où l'humidité de l'air est
très-continuelle.

4° Dans les terrains marécageux , tourbeux ou
froids, couverts de mousses, de joncs, de li-
chens, etc., pour les exciter par les molécules
alcalines des cendres et accélérer leur décomposition.

La plus légère connaissance des terrains et du
climat de la Corse permet de déclarer que, sauf

quelques rares exceptions, les écobuages y sont plus nuisibles qu'utiles.

L'usage de brûler les pailles devrait donc être proscrit, à supposer que les substances alimentaires pour les bestiaux fussent, par leur trop grande abondance, un embarras pour le cultivateur.

Mais que penser et que dire, lorsque par l'effet des sécheresses et du hâle, toute végétation étant suspendue, on voit les bestiaux languir d'inanition, faute de moyens de subsistance?

Ces pailles, ces herbes si follement détruites, auraient largement pourvu à tous les besoins.

Et ici se place naturellement un conseil que je me permets de donner aux propriétaires corses. Dans quelques contrées du continent j'ai vu semer, au printemps, de la graine de trèfle au milieu des blés; la paille, coupée comme en Corse, au tiers de sa hauteur, entretient la fraîcheur par l'ombrage; et plus tard tout est fauché en mélange et constitue un bon fourrage pour les bestiaux.

S'il est une vérité bien démontrée, c'est qu'il n'y a point de bonne culture possible sans le secours des engrais.

L'emploi des engrais a pour résultat infaillible la bonification du fonds, et dès lors l'accroissement du capital que ce fonds représente; de donner des produits plus considérables sur des contenances proportionnelles, ce qui constitue encore une augmentation relative du capital.

Nulle part plus qu'en Corse les terrains, autres que ceux d'alluvion (prati), ne se prêtent à une prompte bonification par l'emploi des engrais et par une culture soigneuse.

Je citerai un exemple.

A peu de distance de la ville de Bastia, contre les routes qui conduisent de cette ville à Ajaccio et à Saint-Florent, on trouve un plateau assez vaste, aujourd'hui approprié aux cultures les plus délicates et les plus productives. Il y a trente ans à peine ce n'était qu'un maigre pacage pour les moutons, et toute tentative de culture eût été qualifiée de téméraire et d'absurde.

Quelques couches de fumier et un bon assolement ont suffi pour opérer cette transformation miraculeuse. Les terres de cette nature (ville) abondent en Corse, et les mêmes effets répondraient aux mêmes causes.

Mais la possession du fumier implique celle des bestiaux et des moyens de les alimenter et de les loger.

Ce qui revient à dire, qu'il faut que la plaine soit rendue habitable et qu'elle soit habitée.

Quelques cultivateurs intelligents ont cherché

à atténuer les inconvénients de l'état actuel des choses en faisant construire des maisons dans la plaine; la rentrée des pailles et de quelques fourrages, la formation de quelques engrais ont produit bien certainement de bons effets. Mais ces maisons isolées et non habitées ne pouvaient donner, après tout, que des résultats incomplets et conduire parfois à d'amères déceptions.

Quel cultivateur persévérerait, en effet, dans un système d'améliorations, lorsqu'au bout de quelques années, et au moment d'obtenir la récompense de ses peines et de ses sacrifices, il verrait brisés et abroutis par la dent des bestiaux les arbres qu'il aurait plantés ou greffés?

Une prairie naturelle ou artificielle au milieu d'une plaine aride, serait un véritable oasis, trop envié, qu'une muraille de la Chine serait impuissante à protéger et à garantir.

Voyez les villages de la Corse, situés sur l'étroite arête des collines élevées et escarpées : aucune maison n'y est construite en vue d'un but cultural, bien que l'agriculture soit l'unique ressource du pays.

Riches et pauvres n'ont de local que pour l'habitation des personnes et l'emmagasinement presque toujours insuffisant des récoltes. Ces maisons, sans granges, sans fenils, n'ayant pour écuries que des étables obscures et mal saines,

sont adossées les unes aux autres. Impossible,
avec la meilleure volonté, de créer des locaux
pour les besoins d'une culture tant soit peu dé-
veloppée et pour le logement des bestiaux. Aussi,
non-seulement on ne se préoccupe pas du soin
de faire des engrais, mais on laisse les boues et
les immondices, jetées et répandues dans les
rues, les obstruer en quelque sorte et devenir,
pendant les chaleurs si vives de l'été, une cause
permanente d'insalubrité. Les connaissances en
agriculture sont encore si bornées, et sans doute
le découragement né des difficultés est si profond
chez les cultivateurs, qu'ils se condamnent à vivre au milieu de ces éléments impurs, lorsqu'ils
pourraient les employer très-utilement au profit
de leurs terres les plus rapprochées du village.
Bientôt après, ces précieux engrais sont délayés
par les pluies et entraînés par elles vers la mer.

Il importe que les cultivateurs corses sortent
au plus vite du cercle vicieux dans lequel ils
tournent fatalement, selon les conditions de
leur position actuelle. A les voir vivre de misère
et mourir à la peine, on dirait que, frappés d'ana-
thème, ils sont condamnés à ne posséder que
comme une décevante illusion la terre promise
étalée devant eux.

Que la plaine soit une fois habitée, et le progrès cultural sera par ce seul fait accompli, et

par ce progrès le pays marchera rapidement,
par les voies de la civilisation, nées du bien-être,
vers l'avenir prospère qui lui est réservé.

Voyez le, dans cet avenir, comme une senti-
nelle avancée de la France continentale, dans
cette Méditerranée où doivent se dénouer les
grandes destinées des nations, reliant par ses
golfes la France à l'Algérie, couvrant le commerce de Marseille et menaçant celui de l'Es-
pagne et de l'Italie. Voyez ses hautes montagnes
couvertes de magnifiques forêts, livrant leurs
trésors trop bien défendus, jusqu'alors, au génie
puissant de la spéculation. Ses montagnes secon-
daires complantées de châtaigners et d'oliviers;
ses coteaux garnis de vignobles, ses vallons soumis
à des cultures intelligentes, et ses plaines se couvrant d'arbres précieux et de riches moissons.

Comment douter de l'avenir d'un pays dont
la température variée se prête admirablement
à toutes les cultures, depuis ses plaines brûlantes,
jusqu'au sommet de ses montagnes couvertes de
neiges éternelles.

Que sa population si ardente, si énergique
entre une fois dans la voie féconde du travail
agricole, et par suite dans celui industriel et
commercial, et vous la verrez saisir, d'autorité,
la position prospère que la Providence lui a dé-
partie.

Commencez, me dira-t-on, par civiliser et moraliser le peuple, et vous pourrez espérer les améliorations qui, alors seulement, seront réalisables.

Je réponds : rendons la culture possible, honorée, profitable, et la civilisation s'accomplira naturellement et sans efforts.

Je comprends que pendant quelques temps encore les montagnards des arrondissements de Corte et de Sartène se montrent réfractaires; mais que le progrès cimenté par la prospérité agricole envahisse en plein les arrondissements de Bastia, d'Ajaccio et de Calvi, et bientôt par les routes qui seraient ouvertes et qui, alors seulement, pourraient être bien entretenues, on aura créé un contact par lequel la civilisation s'insinuera par tous les pores. Il n'y a que l'amour du bien-être qui puisse combattre avec efficacité les préjugés et les mauvais penchants. Il faut opposer les passions aux passions; c'est la lance d'Achille qui blesse et qui guérit.

Après avoir signalé les causes qui font obstacle aux progrès de l'agriculture et les moyens qui me paraissent propres à les combattre, j'indiquerai comment on peut obtenir promptement et efficacement l'emploi de ces moyens.

Avertir les propriétaires et les cultivateurs de leurs véritables intérêts, c'est placer à peine un point de mire lointain, c'est montrer un but dans l'espace que les préjugés s'obstineront à ne pas voir et dont peut-être ils nieront l'existence.

Le Gouvernement, par les mille moyens dont il dispose, peut seul faire entrer les populations dans cette voie providentielle, par la persuasion, les encouragements et au besoin par les moyens coercitifs. Les mesures d'intérêt social auquel chacun est tenu de prendre part pour en assurer le succès, réclament l'intervention active du Gouvernement. Je confie les moyens de persuasion aux autorités constituées, au Conseil général, aux autorités municipales, aux notabilités et aux cultivateurs éclairés. Le concours du clergé sera très-efficace et il ne saurait être vainement sollicité. Le soulagement des masses et leur moralisation par le bien-être, n'est-ce pas un but digne de la mission sainte des ministres de la religion?

Le grand levier, celui de l'intérêt actuel, c'est encore le Gouvernement qui en dispose et qui peut le faire agir. Je voudrais que l'on accordât des primes, des médailles d'encouragement, des exemptions d'impôt pendant une certaine durée de temps, aux propriétaires qui se feraient remarquer par un zèle intelligent et soutenu dans l'accomplissement de l'œuvre que je recommande.

Le pouvoir législatif interviendrait de son côté ; il autoriserait l'expropriation temporaire des terrains appartenant aux propriétaires récalcitrants. Les plantations y seraient effectuées par régie, et les terrains expropriés, cultivés de la même manière, seraient restitués au propriétaire, après l'accomplissement de ces mesures et la rentrée du trésor dans les fonds qu'il aurait avancés. Je prie de remarquer que les travaux constituant le passif ne consisteraient que dans la construction ou le recurage de fossés et dans les plantations le plus souvent effectuées, au moyen de simples boutures : ces travaux ne seraient pas dispendieux.

Ceux de la culture des champs, créeraient promptement un actif qui permettrait aux propriétaires de rentrer dans la possession de leurs biens.

Alors commencerait, pour durer pendant dix années, une surveillance de tutelle, qui ne paraît devoir être que de pure forme ; car il n'est pas présumable qu'un propriétaire se plaise à dénaturer son terrain ; qu'il veuille en diminuer, à plaisir, la valeur foncière et en altérer les revenus éventuels (1).

---

(1) L'administration forestière est naturellement appelée à remplir cette mission.

Je voudrais que, dès à présent, elle fût chargée de reconnaître l'état

Je ne crains pas d'affirmer que si les travaux
que j'indique étaient conduits avec ensemble,
activement et d'une manière intelligente, dix
ans auraient suffi pour mettre la plus grande
partie de la plaine à l'abri du mauvais air, et
pour rendre possible des exploitations agricoles
dans des conditions avantageuses.

Quelques points localement insalubres, par le
séjour des eaux stagnantes, ne seraient abordés
qu'après que la culture les aurait assainis.

C'est alors que la position du pays, au point
de vue cultural, aurait complétement changé et
que l'état prospère que j'appelle de mes vœux
ne serait plus à réaliser.

---

matériel des bois désignés sous la dénomination de makis, qui, comme
je l'ai dit ailleurs , occupent de très-vastes étendues dans l'île.

Ces bois appartiennent à des communes ou à des particuliers. Il
paraît indispensable que ceux des communes soient soumis au régime
forestier, après l'accomplissement des formalités légales. Ceux de particuliers devraient être placés sous les dispositions du titre XV du
code forestier dont ils sont affranchis, on ne sait pourquoi. On jugera
de la nécessité de cette double mesure pour la destination actuelle de
ces propriétés.

Les makis des communes sont affectés au pacage des chèvres ; ceux
de particuliers sont défrichés tous les sept ou huit ans. Le bois arraché
est étalé sur le parterre de la coupe, puis brûlé, et le terrain mis en
culture pendant deux ou trois ans, après quoi il est rendu à sa destination
naturelle ; et le makis se reforme par drageonnement, plus ou moins
bien, selon les atteintes plus ou moins profondes que les racines mères
ont reçues.

Si ces makis étaient recépés au lieu d'être arrachés, et si au moyen
d'une clôture défensive ils étaient mis à l'abri de la dent des bestiaux :

si des repiquements étaient effectués en glands de chêne-liége, si les arbres de cette espèce précieuse étaient réservés comme porte-graines, on obtiendrait en peu d'années une importante transformation d'essences, et tout au moins celles existantes produiraient du bois d'échalats et de charbonnette.

Je suppose un makis de dix hectares, étendue moyenne des propriétés de cette nature. Je la divise en dix coupes d'égale contenance et j'exploite une coupe annuellement. J'utilise, selon les débouchés commerciaux ouverts, les marchandises forestières qui en proviennent, je procède par voie d'arrachement à l'égard des espèces d'une valeur secondaire; je sème de l'orge sur le parterre de la coupe exploitée pour me couvrir des frais d'exploitation et de ceux de clôture, et, en mélange avec l'orge, je répands abondamment des glands de chêne-liége. Je laisse suffisamment de réserves pour ombrager convenablement le terrain; je procède annuellement de la même manière, et au bout de la révolution décennale, j'ai inévitablement transformé le makis en un bois d'une valeur précieuse; car l'écorcement des chênes marcherait de front, avec l'exploitation des autres essences.

Je me permets de soumettre ces considérations à l'appréciation de M. le Directeur général des forêts, en qui toutes les améliorations forestières trouvent un défenseur zélé et éclairé.

Imprimé en France
FROC021834200120
23227FR00024B/473/P